REMARQUES SUR LES ISLES DE JERSEY, GRENESEY, ET AURIGNY,

POUR JOINDRE AUX CARTES DE CES ISLES.

Par M. Bellin, Ingénieur de la Marine. 1756.

LES Isles de Jersey & Grenesey faisoient autrefois partie du Duché de Normandie, & dépendoient du Diocèse de Coûtance; elles passerent, l'an 1108, sous la domination des Anglois, lorsque Henri, premier du nom, Roi d'Angleterre, les conquit avec toute cette Province, après avoir défait son Frere Robert, qui les possédoit comme Duc de Normandie: mais l'an 1203, Philippe Auguste, ayant réuni cette Province à la Couronne, négligea de s'emparer de ces Isles, qui resterent entre les mains des Anglois ; & malgré les tentatives faites depuis pour les en chasser, ils les ont conservées jusqu'à ce jour, les faisant dépendre de Hantshire ou Southampton, un des Comtés de l'Angleterre, pour le Temporel, & de l'Evêché de Winchester pour le Spirituel.

Les Anglois en ont regardé la possession comme avantageuse, tant par leur situation à l'entrée de la Manche, que par leur voisinage des Côtes de France ; aussi les ont-ils fortifiées & mises en état de défense : en temps de guerre elles servent de retraite à leurs Corsaires, qui sont à portée d'intercepter tous les Navires qui passent le long des Côtes de Normandie & de Bretagne : en temps de paix, elles sont l'entrepôt d'un commerce prohibé d'Indiennes, de Tabac, d'Etoffes des Indes, de Draperies, de Plomb & d'Etain, & généralement toutes sortes de Marchandises d'Angleterre qu'elles introduisent en France ; mais en récompense elles en tirent beaucoup de Vins & d'Eaux-de-vie, qui passent en fraude en Angleterre. Elles sont en outre assez fertiles, & bien peuplées ; la plûpart des Habitans sont originaires de Normandie, mais il y a passé beaucoup d'Anglois & quelques Réfugiés François : la Religion qu'on y professe plus communément est l'Anglicane & la Protestante : l'on y parle François, mais il est fort corrompu, & tient beaucoup du Bas-breton.

ISLE DE JERSEY (1).

L'Isle de Jersey est la plus grande, elle a quatre lieues communes de France de longueur du Levant

(1) Connue des Anciens sous le nom de Cæsarea.

au Couchant, ſur un peu plus de deux lieues de large : elle eſt ſituée (2) par les 49 dégrés, 12', 42", de Latitude, & par les 4 dégrés, 31', 52", à l'Occident du Méridien de Paris; elle n'eſt éloignée de la Côte de Normandie que de 6 lieues au plus, & l'on peut aller de Grandville à Jerſey, d'un vent favorable, en trois heures; & en deux heures de Carteret ou Portbail, autre petit Port de la Côte Occidentale de Cotentin.

Il y a dans cette Iſle une Ville & douze Paroiſſes, onze Hameaux, huit Châteaux ou Maiſons conſidérables, cinq Chapelles, trois Moulins à vent, & dix-neuf Moulins à eau. Quelques Auteurs font le nombre de ſes Habitans de trente-cinq mille à quarante mille Ames, dont dix mille ſont en état de porter les armes; mais je crois ce nombre exagéré : le Capitaine Clément Lempriere, Anglois, qui nous a donné une Carte de cette Iſle en 1755, a marqué deſſus le nombre des Maiſons ou Habitations qui ſont dans chaque Canton ou Diſtrict de l'Iſle, & il ne ſe monte qu'à environ deux mille quatre cens, en ſuppoſant dix Perſonnes pour chaque Maiſon, ce qui eſt beaucoup; l'Iſle ne contiendroit que vingt-quatre mille Ames.

Les douze Paroiſſes ſont : S. Helier, Ville & Capitale de l'Iſle, S. Clément, Grouville, S. Sauveur, S. Martin, la Trinité, S. Jean, Ste Marie, S. Ouen, S. Pierre, Ste Brelade, & S. Laurent; il faut voir leur ſituation ſur la Carte.

(2) Cette Obſervation eſt tirée de la Carte des Triangles faits dans la France, par M^rs^ de Caſſiny & de Maraldy : & le Point eſt le Clocher de l'Egliſe de S. Laurent, ſituée au milieu de l'Iſle. La Carte Angloiſe de cette Iſle, par le Capitaine Lempriere, marque cet endroit 4 minutes 48 ſecondes plus Nord.

Cette Isle est très fertile : elle produit des bleds & beaucoup de bons pâturages ; aussi y éleve-t-on toutes sortes de bestiaux, comme bœufs, vaches, moutons, chevres ; les chevaux y sont de médiocre taille, & tout y est à peu près comme en Basse-Normandie. Le cidre, qui est la boisson ordinaire, s'y fait en si grande quantité, qu'on le donne à vil prix : les chemins de l'Isle sont étroits, & la plûpart profonds & embarrassés d'arbres ; il y a cependant peu de bois, & l'on y brûle du charbon de terre.

La Ville, qui n'est point murée, s'appelle S. Helier (3) ; elle est située sur la Côte Méridionale, dans une Baie qui est à-peu-près au milieu de l'Isle : proche de la Ville, il y a un petit Port de Marée, qu'on appelle le Havre-neuf, qui n'est propre que pour de petits Bâtimens. Ce Port & le Bourg sont défendus par un Château, nommé l'Elizabeth : il est bâti sur un rocher qui est sept à huit cens toises au Sud-Ouest de la Ville ; la Mer haute l'environne de tous côtés, mais l'on y peut aller à pied sec de Mer basse. Ce Rocher est entouré d'une quantité d'autres qui en rendent l'accès difficile.

Le Château est assez étendu, bâti partie sur le sable, & partie sur le roc ; les murs qui sont sur le sable ont vingt-cinq pieds de hauteur, revêtus en dehors de bonne pierre de taille, ils sont bordés d'environ cent pieces de canon, depuis douze jusqu'à vingt-quatre livres de balle, presque tous de fonte. Dans le milieu du Château, il y a une Place d'armes, qui est commandée par une Batterie de quinze pie-

(3) C'est-à-dire S. Hilaire, du nom de l'illustre Evêque de Poitiers, que l'Empereur Constance relegua dans cette Isle.

ces de canon; il y a un Donjon placé tout au haut du rocher, avec une Platte-forme qui porte une Batterie de dix-huit pieces de canon, depuis vingt jusqu'à trente-deux, qui battent sur la Mer, sur la Ville, & sur la Greve, qui s'étend jusqu'à S. Aubin de l'autre côté de la Baie.

Il y a une autre Batterie de vingt-trois pieces de canon, depuis quinze jusqu'à vingt-quatre, qui est au-dessus de celle de la Platte-forme, & qui bat dans les mêmes endroits.

A trois quarts de lieue à l'Ouest du Château d'Elizabeth, il y a une Tour, bâtie sur un roc, vis-à-vis S. Aubin, sur laquelle il y a trente-six pieces de canon, depuis douze jusqu'à dix-huit livres de balle.

S. Aubin est un Bourg sur le bord de la Mer, auprès duquel est un petit Port où il peut mouiller des Vaisseaux de trente tonneaux; & les Armateurs y ont leurs Bâtimens.

Le Château d'Elizabeth & la Tour défendent le mouillage de la Baie de S. Aubin, au fond de laquelle il y a encore une Batterie de seize canons, & une Redoute de huit canons, bâtie sur la Pointe de Noirmont, qui défend l'entrée de la Rade: les feux de toutes ces Batteries se croisent, & rendent cette Baie de difficile accès. D'ailleurs il y a beaucoup de roches à son entrée, auxquelles il faut prendre garde: on peut mouiller à une grande lieue au large de cette Baie, en dehors de ces roches, par quinze & vingt brasses d'eau, à l'abri des Vents de Nord.

De l'autre côté de la Pointe de Noirmont, vers l'Ouest, il y a un petit Port ou Havre qui n'est bon que pour des Barques, il s'appelle Sainte Brelade, défendu par une Batterie de quatre canons.

Le côté de l'Oueſt de cette Iſle forme une belle & grande Ance, que l'on nomme la Baie de S. Ouen; les plus grands Vaiſſeaux peuvent y mouiller par douze & quinze braſſes, à couvert des Vents d'Oueſt, de Nord & de Sud. Cette Baie eſt défendue par trois Batteries de trois pieces de canon chacune, diſpoſées de façon qu'elles battent ſur toute la Baie. Au Nord-Oueſt, il y a un petit Port, nommé la Crevaſſe, qui n'eſt bon que pour des Bateaux, défendu par une Batterie de quatre pieces; toute cette Ance eſt une Greve qui couvre & découvre toutes les Marées, & où l'on ne peut faire deſcente qu'avec des Bateaux applats. Du côté du Nord, il y a une Ance qu'on appelle Greve de Lecq, où l'on peut mettre à terre; elle eſt défendue par deux Batteries de quatre pieces de canon chacune: enſuite, on trouve le Port S. Jean, défendu par deux fortes Batteries, dont j'ignore le nombre des pieces: un Auteur moderne en dit trente, d'autres m'ont aſſuré qu'il n'y en avoit pas à beaucoup près autant.

Sur la même Côte, en s'avançant vers l'Eſt, il y a un petit Port pour des Bateaux, qu'on appelle Bonut ou Bonnenuit, qui eſt défendu par 2 Batteries de 4 pieces.

Dans la partie de l'Eſt, on trouve une Rade, dont le mouillage eſt bon, & la tenue excellente; cet endroit s'appelle la Baie de Sainte Catherine: il y a une Batterie de cinq canons qui défend cette Rade & le petit Havre de Roſel, qui en eſt au Nord-Eſt.

Mais la principale défenſe de cette Rade, c'eſt le vieux Château, ou Château de Montorgueil, ſitué à la Côte de l'Eſt, vis-à-vis celle de Normandie, ſur un rocher qui eſt très près de terre : ce Château, dont les murailles ne ſont pas trop bonnes, a vingt-cinq pieces de canon montées ſur leurs affuts ; il étoit gardé par une Compagnie d'Invalides, mais on a renforcé toutes les Garniſons de cette Iſle.

Au Sud Sud-Oueſt du Château de Montorgueil, il y a une Greve d'une lieue de longueur, au milieu de laquelle eſt une Redoute de quatre canons, qui défend le petit Havre de la chauſſée : on peut mettre à terre de pleine Mer, avec des Chaloupes, tout le long de cette Greve ; mais de baſſe eau, le fond en eſt très dangereux, à cauſe de la quantité de roches qui l'environnent.

La Pointe S. Clément fait la partie du Sud-Eſt de l'Iſle : on ne peut pas s'en approcher, à cauſe d'un Banc de roches qui s'avance à la Mer, près d'une lieue, vers le Sud-Eſt, on l'appelle le Banc de Vielez.

A l'Oueſt de la Pointe S. Clément, il y a une petite Baie où l'on peut débarquer ; & plus à l'Oueſt, on trouve le petit Havre des Pas, qui eſt une Greve aſſez étendue, où l'on débarque aiſément ; cet endroit eſt défendu par une Batterie de ſix pieces de canon.

Par cette deſcription ſuccinte de l'Iſle de Jerſey, on voit que les Anglois l'ont miſe en état de défenſe : on aſſure que les Troupes qui y ſont montent à dix mille hommes, ſavoir, quatre Régimens d'Infanterie, deux de Cavalerie, & ſix de Milice, outre cinq Compagnies d'Invalides qui ſont en garniſon dans le Château d'Elizabeth ; & ſuivant les nouvelles publiques, ils viennent d'y envoyer un nouveau Régiment.

Le Commerce des Habitans de cette Iſle eſt d'aller à Terre-Neuve faire la Pêche de la Morue, & à la

Virginie chercher des Tabacs pour leurs Fabriques, avec des Navires de cent cinquante & de deux cens tonneaux ; ils font trafic de toutes ſortes de Marchandiſes prohibées, qu'ils introduiſent avec quantité de Tabac dans les Provinces de Bretagne & de Normandie, dont ils tirent des ſommes conſidérables.

ISLE DE GRENESEY, ou GUERNESEY.

CETTE Iſle a reçu autant de Noms françois (4) & latins, qu'il y a d'Auteurs qui en ont parlé : on ne doute point que ce ne ſoit la *Sarnia* de l'Itineraire d'Antonin ; c'eſt le ſentiment du P. Briet.

Cette Iſle eſt éloignée de neuf à dix lieues de la Côte de Normandie, & à treize de celle de Bretagne ; ſa Latitude, priſe au milieu de la Côte Orientale, à l'endroit du Château Cornet, eſt de 49 dégrés 26 minutes ; & ſa Longitude, 4 dégrés 53 minutes, à l'Occident du Méridien de Paris. Sa forme eſt preſque triangulaire : ſa Partie Orientale, a du Nord au Sud, environ deux lieues, & ſa Partie Méridionale en a un peu plus de l'Eſt à l'Oueſt ; mais la Partie qui regarde le Nord, court Nord-Eſt & Sud-Oueſt, finiſſant preſqu'en pointe vers l'Oueſt. Cette Iſle eſt haute du côté du Sud, & baiſſe par dégrés du côté du Nord.

Elle eſt très fertile en Grains & en Pâturages, mais elle ne l'eſt pas autant que celle de Jerſey. On dit

(4) Cænalis dit *Grenezeium*, Vulgo *Greneſey* ; le P. Pommeraye *Ghernecium* ; Ferrary & Baudran *Garneſia* ; Lucas Chartier *Garnſey* ; Froiſard *Greneſie* ; Charles Bourqueville *Jarneſey* ; M. de Thou *Greneſia* Inſula ; les Anglois écrivent *Guernſey*.

qu'elle

qu'elle eſt peuplée d'environ vingt-huit mille Ames, ce que j'ai peine à croire. Son principal Commerce eſt en Thé & en Eau-de-vie, qu'elle tire de France, pour les envoyer en fraude en Angleterre. Une autre branche de Commerce eſt la Contrebande d'Indiennes, de Tabac, de Plomb, d'Etain, & de Draperies, qui paſſent en France.

Outre la Ville de S. Pierre, qu'on nomme auſſi Greneſey, du nom de l'Iſle, on y compte dix Paroiſſes, ſavoir, le Wal, S. Sanſon, S. Georges, le Caſtel ou Ste Marie du Fort, S. André, S. Martin, la Forêt ou la Trinité, Teurteval ou Ste Catherine, S. Pierre des Bois, & S. Sauveur.

La Ville de S. Pierre eſt ſituée à la Côte Orientale : il y a un Port qu'on appelle le Port de la Chauſſée, parcequ'il eſt environné de deux Chauſſées faites de pierres, qui forment une entrée qui a cent pieds de large par le haut, & ſoixante & huit pieds par le bas : la hauteur de ces Chauſſées eſt d'environ trente-cinq pieds. Dans les grandes marées, la Mer y monte juſqu'à vingt-huit & trente pieds, & dans les mortes eaux, il n'y monte que douze à quarorze pieds d'eau. Les marées, le jour de la nouvelle & pleine Lune, ſont dans ce Port Eſt & Oueſt, comme à toute cette Côte, conſéquemment pleine Mer à ſix heures.

A ſix cens pas de la Ville il y a un Château bâti ſur un rocher, devant le Port, qu'on appelle le Château Cornet : les Fortifications de ce Château, qui eſt ancien, ne ſont pas des plus ſolides; elles ſont bâties en pyramide ſur le rocher, qui a peu de circonférence : les Murs qui l'environnent ſont de pierres de taille ; les Magasins à Poudre sont du côté du Nord-Est. Il y a un Donjon, avec une Platte-forme, sur laquelle on a placé trois Batteries ; la premiere, de onze canons, bat entre l'Isle & le Château ; la seconde, de treize canons, bat devant le Havre, qui est au pied de la Ville ; & la troisieme, qui est du côté de l'Est, défend le passage qui est de ce côté. Les plus fortes pieces de ces Batteries sont de dix-huit livres de balle : la plûpart de ces canons sont de fonte, & montés sur leurs affuts. Il y a une Batterie de onze pieces, placée sur le mur, entre la Batterie du Donjon & celle qui fait le tour du Château. Dans la Batterie qui fait le tour du Château, il y a vingt & une pieces qui battent du côté du Havre, & vingt-quatre du côté de la Rade & de l'entrée. Toutes ces Batteries sont en très bon état.

Depuis la Ville, en s'avançant vers le Nord-Est de l'Isle, il y a une Greve, dont l'étendue est défendue par trois petites Redoutes, garnies chacune de trois canons de fer. Cette Partie s'apelle le Wall. Au Midi de la Ville, il y a une Batterie de trois pieces de canon de seize livres de balle, qui défend la Côte jusqu'à la Pointe de S. Martin. La Pointe de S. Martin fait la Pointe du Sud-Est de l'Isle : à l'Ouest d'elle, il y a un petit Port. On peut mouiller à une demi-lieue de cette Pointe par les trente à trente-cinq brasses d'eau, tant au Sud qu'à l'Est & au Sud-Ouest ; il y a dessus une Batterie de vingt-deux pieces de canon, du calibre de dix & douze, qui défend ces mouillages.

Il y a dans Grenesey deux Compagnies d'Invalides de quarante-huit Hommes chacune, qui montent régulierement la garde au Château & sur le Port ; de plus, un Régiment de Cavalerie, deux d'Infanterie, & trois de Milice.

L'endroit le plus commode pour faire une descente dans cette Isle, est du côté du Nord-Ouest ; il y a des Greves assez étendues, où l'on peut mettre à terre avec des Bateaux plats ; mais il faut prendre garde aux roches sous l'eau, qui s'y rencontrent.

Aux environs de Grenesey, sur-tout dans la Partie de l'Est, il y a deux Isles peu considérables, Herms & Sarcq ou Cers. Cette derniere est habitée & assez fertile ; elle ne commença de l'être que sous le Regne d'Elizabeth, par le Seigneur de S. Ouen de l'Isle de Jersey, qui fut y faire un Etablissement : l'autre n'est qu'un Islot, sur lequel il y a quelques Pâturages.

Ces deux Isles forment des Passes, qu'on appelle le grand & le petit Ruau.

Le petit Ruau.

CETTE Passe est un Canal entre l'Isle de Grenesey & celle de Herms. Lorsqu'on vient du Nord & de l'Ouest, pour aller mouiller dans le Port de Grenesey, il faut porter à l'Est, comme pour aller trouver les Amphroqués, observant de ne pas approcher plus près d'un tiers de lieue des Roches, qu'on appelle les Brayes, qui sont à la Pointe du Nord-Est de l'Isle ; & lorsqu'on tient la Pointe de S. Martin ouverte vers l'Ouest de l'Islot ou Rocher (5) Brehon, de la largeur d'une voile : c'est la marque que l'on est

(5) Il ne faut pas confondre ce Rocher avec l'Isle Brehou, ou des Marchands, qui est tout près de l'Isle Sercq, ou Sarcq, ou Cers, dans la Passe du grand Ruau, du côté de l'Est.

bien paré pour entrer dans le petit Ruau.

Mais si, venant du Ras Blanchard ou Ras d'Aurigny, qui est la même chose, on veut donner dans la Passe du petit Ruau, il ne faut pas s'approcher plus près de demi-lieue de la grande Amphroqué, tenant l'Eglise du Castel ouverte de la largeur d'une voile, par le Nord-Ouest du Château de Wall; par-là, on évite une Roche sous l'eau, qui est au Nord-Ouest de la grande Amphroqué, qui s'appelle la Platte-Bouée; & continuant cette route jusqu'à ce qu'on ait la Pointe de S. Martin ouverte avec Brehon, de la largeur d'une voile, on peut, en observant ces marques, pénétrer hardiment dans le petit Ruau, jusqu'à ce qu'on ait passé au-delà d'un Rocher nommé Rousse, que l'on range d'assez près, le laissant à bas-bord; ensuite gardant longue Pierre ouverte de la largeur d'une grande voile, avec le Sud-Ouest de Rousse, & gardant la Pointe de S. Martin aussi ouverte d'une voile, avec le bas de l'Ouest de Brehon, on évite les dangers qu'on appelle la Grune au Rouge, qui sont des Roches sous l'eau, qui ne découvrent que très rarement; continuant ensuite jusqu'à avoir amené Brehon par Crevichon Sud-Est & Nord-Ouest, alors on est hors des dangers de la Grune au Rouge, & l'on peut continuer sa route pour la Chaussée de Grenesey, observant cependant de tenir le bout de la Chaussée du Sud par la maison du Capitaine Jean Tupet, afin d'éviter les Roches, appellées les Reffiers ou Bouées-Agenor.

Il faut observer que le Flot ne commence à courir, dans le petit Ruau, que lorsque la Mer est à demi montée; & le Reflux ne commence à y descendre, que lorsqu'elle est à moitié baissée.

Lorſqu'on eſt entré dans le petit Ruau ; entre Rouſſe & Rouſtel, & qu'un vent contraire oblige de louvoyer pour atteindre la rade quand on porte ſur l'Oueſt, il ne faut pas amener Brehonnet par la Pointe de S. Martin, car, en pareil cas, on courroit ſur Rouſtel; & quand on court ſur l'Eſt, il ne faut pas amener Brehon par la Pointe de S. Martin, autrement on tomberoit ſur des pierres qui ſont ſous l'eau, qu'on appelle les Grenettes, leſquelles ſont entre Rouſſe & Brehon, mais il faut toujours garder la Pointe S. Martin ouverte de la largeur d'une voile, avec l'Oueſt de Brehon.

On trouve dans le véritable Canal du petit Ruau, cinq ou ſix braſſes d'eau dans les baſſes marées, ce qui eſt ſuffiſant pour quelques Vaiſſeaux que ce ſoient.

Remarques ſur les Roches qu'on trouve dans ce Paſſage.

L'orſqu'on veut entrer dans le petit Ruau, il ne faut pas approcher de trop près des Roches appellées les Angloiſes ou Flubougeres, qui ſont à la pointe du Nord-Eſt de l'Iſle de Greneſey, & au Sud-Eſt des Brayes dont nous avons parlé. Pour éviter de tomber ſur ces Roches, il faut tenir l'Egliſe de la Ville ouverte par le côté de l'Eſt du Château du Wall.

La longue Pierre, que nous avons donnée ci-devant pour Amet, eſt un Rocher ou Iſlot que la Mer ne couvre jamais, & dont le bout de l'Eſt-Sud-Eſt s'éleve comme une voile, & qui eſt à l'Eſt-Nord-Eſt de Rouſſe, à la diſtance de deux tiers de lieue.

Rouſtel, qui eſt la Roche la plus à craindre dans

le petit Ruau, ne paroît jamais sur l'eau que quand la Mer est à moitié retirée, elle est à l'Ouest-Nord-Ouest de Rousse, environ deux cens cinquante toises; mais à cinquante toises environ au Nord-Est de Roustel, il y a un Rocher sous l'eau dont il faut se défier, & par conséquent ne jamais s'approcher à cette distance de Roustel.

La Rousse est un Rocher élevé sur l'eau, qui paroît rond.

Brehon est un Rocher beaucoup plus grand que Rousse; il est haut & élevé sur l'eau; on a élevé dessus une petite Tour en pyramide, de vingt pieds de haut, qui sert à le reconnoître,

Le grand Ruau.

Le grand Ruau, ou Rude, suivant quelques-uns, est un Canal à l'Ouest de l'Isle de Sercq ou Serk, & à l'Est de celles de Herms & de Jelhou. Ce Passage est fort bon pour toutes sortes de Navires, & beaucoup moins embarrassé que celui du petit Ruau.

Quand on vient du Nord ou du Ras-Blanchard, on fait route au Sud-Ouest, jusqu'à ce qu'on soit arrivé à l'embouchure du grand Ruau; alors on voit à l'Est de l'Isle Herms, un Rocher nommé Noire-Pute, qui en est à un grand quart de lieue de distance; on en passe à l'Est, & on peut le ranger à deux cens cinquante toises; & lorsqu'on a passé Noire-Pute, il faut amener la Pointe de S. Martin par le Rocher appellé la Goubiniere, qui est au Sud Sud-Ouest de Jelhou, à un demi tiers de lieue de distance.

Par ce moyen on évite tous les dangers qui sont

auprès d'Herms & de Jelhou. Quand on a passé la Goubiniere, il faut faire cette même route du Sud Sud-Ouest, jusqu'à ce qu'on ait amené l'Eglise de S. Martin par le milieu de la Baie de Formain; alors on peut faire route vers le Port de Grenesey jusqu'à ce que Brehon demeure au Nord quelques degrés vers l'Est, ou bien que l'on ait la petite Maison du Garde, qui est sur le bout de la Chaussée du Sud, ouverte par le Sud-Ouest du Château Cornet : pour lors on est sûr d'avoir évité deux Roches sous l'eau, qu'on appelle les Têtes d'Aval; & l'on peut, sans crainte, entrer dans la Rade de Grenesey.

Quand on est dans le grand Ruau, au lieu de faire la route ci-dessus, on peut, si l'on veut, ranger, sans aucun danger, l'Isle de Sercq à la distance de trois cens toises ou un demi-quart de lieue, n'y ayant point d'autres Roches que celles que l'on voit au-dessus de l'eau, & qui ne sont jamais couvertes, même dans les Equinoxes, à l'exception d'une Roche sous l'eau, qui est tout auprès de la Pointe de l'Ouest de l'Isle de Brehou, ou autrement l'Isle des Marchands, qu'on appelle la Gironde; mais il faudroit ranger de bien près l'Isle Brehon pour trouver cette Roche, ainsi elle n'est pas dangereuse. On peut louvoyer dans le grand Ruau, avec une bordée de près d'une lieue, entre l'Isle de Sercq & les dangers, qui sont à l'Est d'Herms & de Jelhou, dont on a parlé ci-devant.

Il faut observer que le Flot ne commence, dans le grand Ruau, qu'à demi-montée; & le Reflux, qu'à demie retraite de la Marée.

Remarques pour venir par le Sud de Grenesey.

Lorsqu'on est au Nord-Ouest de Grenesey, & que l'on veut passer par le Sud de l'Isle, il ne faut pas s'approcher de la Partie de l'Ouest trop près, à cause des Roches qui en sont au large. La marque que l'on prend, c'est d'avoir la Maison qui est sur l'Isle de Lihon, par la maison du Garde, qui est sur Pleinmont; par-là on évite les Grunes & la Sambule, qui sont des Roches que la haute Mer couvre entièrement.

Quand on a passé ces Roches, qu'on laisse à Bas-bord, on fait route vers les Hanois ou les Hanovaux, qui sont une chaîne de Rochers que la Mer ne couvre point, il faut en passer à une lieue au large, les laissant à Bas-bord. La plûpart des Cartes marquent une grande Passe entre Grenesey & ces Roches; mais on peut assurer qu'il n'y en a pas, & qu'un Navire qui entreprendroit d'y passer, se perdroit.

Lorsqu'on a doublé les Hanovaux, il faut gouverner au Sud-Est, jusqu'à ce qu'on ait amené le Moulin qui est sur l'Isle de Sercq, par la Pointe du Sud de Grenesey, qu'on appelle S. Martin, les ouvrant cependant de la largeur d'une grande voile. On gouverne ainsi, en s'approchant de la Pointe S. Martin, à un très petit quart de lieue de distance, jusqu'à ce qu'on ait amené l'Eglise du Wall par l'Ouest du Château Cornet; mais les gros Vaisseaux doivent avoir ladite Eglise du Wal par l'Est du Château, c'est-à-dire, porter un peu plus à l'Est; mais d'une façon ou de l'autre, il n'y a rien à craindre de la Longue-Pierre, qui est une Roche auprès de la Pointe S. Martin,

S. Martin, & l'on arrive sûrement dans la Rade. L'Eglise de Wal est à une grande lieue au Nord du Château Cornet, prenant un peu de l'Ouest.

On peut mouiller le long de la Côte de Sud de Grenesey par les trente & trente-cinq brasses d'eau, bon fond, à trois quarts de lieue de terre; plus près, le fond n'est pas si bon, excepté proche la Pointe S. Martin, où l'on peut mouiller à un tiers de lieue. Dans la partie de l'Est de la Pointe S. Martin, il y a des Roches dont il faut se méfier; mais comme elles sont très près de terre, il n'y a pas de danger.

Lorsqu'on range la Côte du Sud de Grenesey, & que la Mer commence à monter, le Flot court le long de la terre jusqu'à la Pointe de S. Martin, proche Longue-Pierre, & là le Flot ou montant de la Marée ne commence à courir au Nord que quatre heures après; ainsi il faut prendre garde que ce premier Flot ne vous emporte dans le grand Ruau, ce qui pourroit bien arriver dans un calme.

La grande & la petite RADE.

La grande Rade s'étend depuis la Pointe de S. Martin jusqu'à un tiers de lieue au Sud Sud-Ouest de Brehon; on y trouve 25, 20, 18, 16, jusqu'à 10 & 11 brasses, à un demi-tiers de lieue du Château Cornet, observant seulement d'avoir l'Eglise de la Ville ouverte par le Nord dudit Château. Le fond y est très bon.

Il faut remarquer que dans le Sud de la Rade, il y a un Banc à l'Ouest de la Baie de Fermain, qu'on appelle le grand Banc, sur lequel on n'a marqué que trois brasses; mais cela n'arrive que deux fois l'année, ſavoir, à l'Equinoxe de Mars & de Septembre. Dans tout autre temps, il y a aſſez d'eau deſſus pour ne rien craindre.

La petite Rade eſt au Nord du Château Cornet : on y mouille dans l'eſpace qui eſt entre le Château & la Roche Blanche ou Sardrette ; lorſqu'on veut s'y affourcher, on porte une des Ancres vers les Roches du Château, & on laiſſe tomber l'autre Ancre du côté du Nord, près de la Blanche Roche, alors le Vaiſſeau eſt en ſûreté, fuſſe même un Navire de quarante à cinquante canons.

ISLE D'AURIGNY.

CETTE Iſle, à laquelle on a donné des noms différens (6), eſt ſituée trois lieues à l'Oueſt du Cap de la Hogue en Normandie : ſa Latitude eſt de quarante-neuf dégrés quarante-cinq ſecondes, & ſa Longitude de quatre dégrés trente-deux minutes à l'Occident du Méridien de Paris. Elle a environ une lieue & un quart de long ſur une demi-lieue de large.

Les Anglois poſſedent cette Iſle. Il y a un Bourg dans le milieu qu'on appelle la Ville. Dans la Partie du Sud-Eſt, il y a un endroit nommé le Fort; c'eſt une Batterie qui défend le petit Port de Longy. Les Côtes du Nord & de l'Oueſt ſont environnées de Roches, qui en rendent l'abord très difficile.

Le Paſſage, qui eſt entre cette Iſle & la Côte de Normandie, s'appelle le Raz Blanchard. Les Marées

(6) Les Anglois la nomment Orny, Aurney, & Alderney. Davity l'appelle l'Iſle d'Alderney ; & il croit que c'eſt l'Iſle d'Arien, dont il eſt parlé dans l'Itineraire d'Antonin ; mais ce n'eſt qu'une ſimple conjecture, car on n'y trouve que le nom, ſans aucune particularité.

y ſont Sud Sud-Eſt & Nord Nord-Oueſt ; & à deux tiers de lieue au Nord du Raz, elles ſont Sud-Eſt un quart Sud, & Nord-Oueſt un quart Nord.

Les Marées, dans la Partie du Sud du Raz, vont Nord-Eſt & Sud-Oueſt ; & l'on eſtime la viteſſe du courant, dans une grande Mer, à deux lieues par heure.

A l'Oueſt d'Aurigny il y a une Paſſe, qu'on appelle le Paſſage au Singe, formée par la Pointe de l'Oueſt d'Aurigny, & par l'Iſle Burhon ; cette Paſſe peut avoir un tiers de lieue de large. Il y a quelques Roches auprès d'Aurigny, dont la plus au large s'appelle Corbet ; on peut en approcher à portée de piſtolet, auſſi-bien que de l'Iſle de Burhon. Il n'y a rien à craindre dans ce Paſſage, juſqu'à ce qu'on ait amené Ortak au Nord.

Ortak eſt un gros Rocher au Sud-Oueſt de Burhon, au pied duquel on trouve quatorze & quinze braſſes d'eau ; mais au Sud d'Ortak, prenant un peu de l'Eſt environ deux grands tiers de lieue, il y a une Roche, qu'on appelle la Pierre au Vrack, dont il faut ſe défier, car elle ne paroît ſur l'eau qu'à Mer baſſe dans les grandes Marées. Elle eſt de la grandeur & de la forme d'un Bateau. On trouve, tout auprès de cette Roche, quinze & ſeize braſſes d'eau.

A l'Oueſt d'Ortak, il y a un amas de quelques Rochers hors de l'eau & ſous l'eau, qu'on appelle les Caſquets, à plus d'une grande lieue de diſtance ; on peut paſſer entre deux, plus près d'Ortak que des Caſquets. Ce Canal eſt bon, mais la variété des Marées rend ce Paſſage haſardeux en cas de calme ; car entre les Caſquets & l'Iſle de Greneſey, les Marées font en douze heures tout le tour du compas.

A l'entrée du Ras Blanchard, proche la Pointe du Nord-Eſt d'Aurigny, à demi-quart de lieue de diſtance du Havre des Corbelets, il y a un Mouillage où l'on trouve 22, 25, & 30 braſſes d'eau, mais avec les Vents de Nord, de Nord Nord-Eſt & d'Eſt, on n'y ſeroit pas en ſûreté, ayant pluſieurs Roches à l'Oueſt & au Sud, ſur leſquelles on pourroit être jetté.

Entre Aurigny & l'Iſle de Sercq, il y a un Banc de ſable, appellé le Banc de la Chole, où il ne reſte, de baſſe Mer, dans les grandes Marées, que douze pieds d'eau deſſus. Ce Banc eſt ſitué, en ligne droite, du milieu du Paſſage du Ras avec l'Iſle de Sercq; il a deux lieues de long Nord-Eſt & Sud-Oueſt, & peu de largeur. Le Moulin d'Aurigny & ce Banc ſont Nord & Sud, deux lieues & demie; ſon milieu & Caſquet ſont Sud-Eſt & Nord-Oueſt; ſa diſtance de Sercq eſt de trois lieues.

REMARQUES SUR LES CARTES.

LE ſeul détail que nous avions, en France, pour les Iſles de Jerſey, Greneſey & Aurigny, ſe trouvoit dans la Carte du Diocèſe de Coûtance, publiée en 1689, par le Sr Mariette de la Pagerie. Cette Carte n'étant point faite pour la Navigation, ce qui regarde la Mer y eſt entierement négligé; cependant elle a ſervi de baſe à ce qu'on a publié depuis ſur ces Iſles. On trouve, dans le Neptune François, une Carte générale de ces Iſles, avec les Côtes de Normandie & de Bretagne qui en ſont voiſines; mais quoiqu'on ait eu pour objet la Navigation, & qu'on y ait marqué la plûpart des dangers & des Roches qui ſont dans ces Parages, il s'en faut beaucoup qu'on ſoit entré dans les détails néceſſaires.

Il s'y eſt même gliſſé quelques erreurs aſſez conſidérables; c'eſt ce qui m'a engagé à donner des Cartes particulieres de chacune de ces Iſles, & d'en former enſuite une Carte générale avec les Côtes voiſines.

1°. La Carte de l'Iſle de Jerſey eſt tirée de celle qui a été publiée à Londres en 1755, par le Capitaine Clement Lempriere, qui eſt fort détaillée; mais à laquelle cependant j'ai ajoûté les Batteries & les Redoutes que les Anglois ont faites depuis peu, dans pluſieurs endroits de ſes Côtes, pour mettre cette Iſle en état de défenſe. Il y a deſſus une eſpece de dénombrement qui indique le nombre des Habitations ou Maiſons contenues dans chaque Canton de l'Iſle, nommé par les Anglois Vingtaine. Les Bancs & les Roches, qui ſont aux environs, m'y paroiſſent aſſez bien détaillés, de même que les Mouillages, & ce détail n'avoit pas paru juſqu'ici. Je n'ai pas ſuivi ſes Latitude & Longitude; j'ai aſſujetti ma Carte aux Obſervations de MM. de Caſſini & de Maraldi, qui ont déterminé la poſition du Clocher de l'Egliſe de Saint Laurent, qui eſt au milieu de l'Iſle de Jerſey, comme je l'ai rapporté ci-devant.

2°. Pour la Carte de l'Iſle de Greneſey, j'avois été obligé de ſuivre ce que le Sieur Mariette de la Pagerie en avoit donné anciennement, & j'y avois ajoûté quelques détails pour les Roches voiſines, tirés de Cartes manuſcrites qui ſont au Dépôt des Plans de la Marine, en formant du tout une Carte ſur le même Point & la même Echelle que celle de Jerſey; mais ayant eu occaſion depuis d'acquerir, pour le Dépôt, des Manuſcrits Anglois, avec des Cartes de ces Iſles, j'ai été étonné de voir que ma Carte de Greneſey n'y reſſembloit en rien. Le Contour & le Giſſement des Côtes, le nombre & la poſition des Roches & Iſlots, qui ſont aux environs, en un mot, tout étoit ſi différent, qu'il ne m'a pas été poſſible de corriger & de faire ſervir ma Carte.

J'ai donc pris le parti de la refaire en entier : mais je conſerve toujours cette premiere Carte, pour faire ſentir, par la comparaiſon, combien il eſt difficile d'éviter les erreurs dans ce genre de travail.

A l'égard de celle de Jerſey, quelques corrections & quelques additions l'ont fait accorder avec mes nouveaux Manuſcrits. J'ai aſſujetti le tout aux Obſervations de Latitude & de Longitude, données par MM. de Caſſini & de Maraldi.

3°. La Carte de l'Iſle d'Aurigny, & de ſes environs, & une de l'Iſle de Chauſé, que j'ai miſe ſur le même Point & la même Echelle que les précédentes, ne ſont point importantes, pour leur peu d'étendue ; mais j'ai cru que les détails des Rochers qui ſont autour pourroient intéreſſer la Navigation ; d'autant que dans ma Carte générale ces Iſles deviennent extrêmement petites, & qu'ainſi on n'en auroit pas de connoiſſances ſuffiſantes.

4°. J'ai formé de tous ces différens morceaux une Carte génerale, qui contient une partie des Côtes de Normandie, depuis Cherbourg jusqu'à Grandville, & celles de Bretagne depuis Grandville jusqu'à la Riviere de Treguier; & quoique cette même Partie ait été traitée dans le Neptune François, je n'ai pas cru devoir m'y conformer: des Observations plus récentes m'ont obligé d'y faire plusieurs changemens dont il sera aisé de s'appercevoir, & dont je serois en état de rendre compte, s'il en étoit besoin; mais ce seroit un détail trop long, & qui ne seroit pas d'une grande utilité.

De l'Imprimerie de DIDOT, Quay des Augustins, à la Bible d'or. 1756.

www.ingramcontent.com/pod-product-compliance
Ingram Content Group UK Ltd.
Pitfield, Milton Keynes, MK11 3LW, UK
UKHW021033220726
13924UKWH00001B/297

9 782019 976293